© 2022 Boyaval, Amandine

Édition : BoD – Books on Demand, info@bod.fr

Impression : BoD – Books on Demand,

In de Tarpen 42, Norderstedt (Allemagne)

Impression à la demande

ISBN : 978-2-3224-4132-7

Dépôt légal : Août 2022

Sommaire

Chapitre 1 : La découverte

Chapitre 2 : L'adaptation et l'évolution

Chapitre 3 : Le médical

3.1 Le bon côté

3.2 Le suivi

3.3 Les chiffres

3.4 Les témoignages et sites utiles

Chapitre 4 : Ma vie personnelle

Prologue

J'ai 22 ans et je suis diabétique du type 1 depuis mes 11 ans. Et pour casser les préjugés et les mauvais avis, je vais vous raconter mon histoire, l'histoire de mon diabète.

Chapitre 1 :

La découverte

Tout commença au courant du mois de décembre 2009, cela devenait une habitude de boire beaucoup (non pas de l'alcool, LOL) mais de l'eau, beaucoup d'eau, à devoir m'en lever la nuit pour m'hydrater. Et forcément à force de boire, il faut bien que j'aille éliminer tout ça, j'allais donc autant aux WC le jour que la nuit. À la suite de sa mes parents ont décidé de laisser passer les fêtes de fin d'année, ça c'est super bien passer mise à part une baisse d'énergie dont le médecin en a conclu à la grippe A (maladie à la mode en cette période), rien d'alarmant jusque-là, puisque cela à durer 1 journée, le lendemain j'étais en pleine forme.

Début janvier 2010, mes parents ont décidé de me faire faire une analyse d'urine, analyse faite le lundi 4 janvier 2010 au réveil. Dans la journée, le temps que j'étais à l'école, ils ont reçu un appel du laboratoire disant de prendre rendez-vous rapidement avec notre médecin généraliste. D'après eux, quelques choses n'étaient pas normales dans les résultats mais eux-mêmes ne savaient pas déterminer la cause. J'ai eu un RDV vers 18h chez mon aujourd'hui à la retraite. Mes parents m'ont donc repris à l'école primaire, j'étais en CM2. Nous voilà donc partit chez le médecin, il procède à une série d'examens classiques, tous plus normals les uns que les autres. Il finit par me faire un dextro, une glycémie sur le bout du doigt afin de connaître mon taux de sucre dans le sang mais lui-même ne penser pas que ce soit cela. Après un premier essai le boitier affiché erreur, impossible de calculer le taux dans le sang. Le médecin essaye donc avec un autre boitier plus précis, celui-ci nous a directement donné la réponse : 4,88 grammes. Ceci l'alarma directement, il prit directement son téléphone et préviennent les urgences de mon arrivée. Une personne dont le pancréas fonctionne correctement se situe entre 0,80 et 1,20 gramme de litres dans le sang.

Le pancréas est un organe qui produit de l'insuline rapide pendant les repas et de l'insuline lente le reste du temps, et bien figurez-vous que le mien ne produisait plus rien ou quasiment plus rien ! Pour faire simple l'insuline rapide sert pour manger, l'insuline lente sert tout simplement à vivre.

Nous repassons chez moi rechercher quelques affaires et bien sûr l'indispensable « doudou » puisque j'étais en larmes, une petite fille qui ne comprend pas pourquoi elle va se retrouver à l'hôpital alors qu'extérieurement et physiquement je me sentais bien. Arriver là-bas, nous attendions tranquillement, c'était long, très longs cette attente, alors avec ma mère nous avions inventé un jeu « Trouve les chaussures les plus moches de toutes ses personnes qui passent devant nous aux urgences », oui, on sait que cela est méchant de se moquer, mais ça nous a passé le temps et nous avons sacrément bien rit. Après plus d'1h, nous avons était pris en charge, je ne saurais vous raconter la suite dans les moindres détails. Je me souviens avoir eu pas mal de prise de sang toutes les nuits qui me réveillait sans arrêt, que toute une équipe se relayer afin de me surveiller. Un médecin aussi avait dit à ma mère que cela arrivait parce que je mangeais trop de bonbons et qu'il aurait fallu m'amener bien avant, que tout était la faute de mes parents. Je tiens à préciser maintenant que cela n'a strictement rien à voir avec le fait ou non de manger des bonbons. Plusieurs personnes ont d'ailleurs marqué ce passage de ma vie, Bertille et Mathilde, des infirmières. I'm love it (= j'adore ça) aussi infirmier, (je ne connais absolument pas son prénom, ce surnom lui est venu d'une pub qui passait à la télé la nuit quand il passer contrôler ma glycémie, on jouait même aux cartes de temps en temps avec lui). Durant le séjour de 10 jours, ma mère est d'ailleurs restée dormir avec moi dans un lit pliable dans la chambre. Mes grands-parents étaient venus garder ma sœur, encore bébé à ce moment-là, elle avait 3 ans, Ils dormaient à la maison étant données les 45 minutes qui nous séparaient. J'avais aussi réalisé un livre en activité manuelle afin de mieux comprendre ce qui se passait, ce qui m'arrive.

Chapitre 2 :

L'adaptation et l'évolution

Au fur y à mesure du séjour on m'a appris à faire un dextro et à m'injecter de l'insuline sous forme de stylos. L'idéal en dextro est 1 avant chaque repas puis 1, 2h après. L'insuline rapide se fait avant chaque repas contrairement à l'insuline lente qui couvre toute la journée ainsi que la nuit, elle agit donc 24h et se fait tous les soirs, et pour certaines personnes matin et soir. Pendant ce séjour, mon tonton m'avait prêté des films pour m'occuper, malheureusement je n'ai jamais réussi à le mettre en route LOL. Environ 1 an après j'ai pu remplacer les injections d'insuline aux stylos par une pompe à insuline avec fil à changer tous les 3 jours, je les gardais environ 5 ans. Depuis, je suis passé à la pompe à insuline sans fil OMNI POD, elle se contrôle grâce à une « télécommande » tactile ou non, je possède actuellement la version tactile. Mais ce n'est pas toute la technique à tellement avancer en 12 ans, que je ne fais plus non plus de dextro, j'utilise un capteur de glycémie implanter sur la peau, sa durée est de 14 jours. Ce capteur FreeStyleLibre est d'ailleurs compatible avec n'importe quel smartphone (tant que celui-ci possède le système NFC), eh oui je prends donc ma glycémie avec mon téléphone, dingue ! Des alarmes hypoglycémie et hyperglycémie sont d'ailleurs disponibles avec la version 2 du capteur FreeStyle Libre. Du côté du glucagon/ glucagen d'urgence il existe en format seringue à piquer directement avec la seringue mais également en spray nasal. Il est utilisé lorsqu'on n'est pas en mesure de prendre du sucre par voie orale (malaise) en cas d'une hypoglycémie.

Le diabète provient du pancréas qui ne produit plus ou très peu d'insulines, il existe bien sûr une greffe du pancréas mais celle-ci serait un traitement encore plus lourd que celui actuel, compte tenu des médicaments anti-rejets.
Le pancréas artificiel quant à lui est en réalisation et test scientifique, alors RDV dans quelques années !
Dans l'ensemble je ne l'ai pas mal vécu même si quelquefois ça donne envie de tout jeter, de crier, de pleurer, de laisser aller, vite reprend
Je n'ai pas un diabète parfaitement équilibré, je fais des écarts mais je rectifie sur le temps ma glycémie avec une dose d'insuline, un bolus. Je fais au mieux et je vis avec.

Chapitre 3 :

Le médical

3.1 Le bon côté

Grâce à mon diabète j'ai pu faire des colonies AJD, Aide aux Jeunes Diabétiques. Malheureusement, les colonies sont remboursées en partie jusqu'à 18 ans révolus à la date d'entrée en colonies sinon j'y retournerai encore et encore ! Qui sait peut-être un jour je passerais le BAFA pour me présenter en animatrice là-bas. En colonies, nous sommes tous diabétique et dans la même tranche d'âge, on garde d'ailleurs la plupart du temps un lien particulier avec certains d'entre eux. Je retiens notamment Amélie, Léandre, ma team (=équipe) de Guadeloupe (Aude, Thomas, Jorys), et bien d'autres. On est suivi par des médecins, des infirmières diplômées. Régulièrement sont organisés des activités autour du diabète ; l'alimentation, le complexe, le vécu, etc... Mes moments préféraient reste quand même les veillés loups-garous, les booms, la piscine, les randonnées, les balades à cheval, …

Si jamais tu es diabétique n'hésite pas à aller faire un tour sur le site internet de l'AJD, pour ma part voici la liste des colonies que j'ai effectuées.

Première année : Angerville-l'orcher, Normandie

2 : Saint-Bazeille, Marmandais

3 : Pralognan-la-Vanoise, Savoie

4 : Pujols, Lot-et-Garonne (Celle-ci j'y suis allé pour mes deux dernières années avant mes 18 ans).

En arrivant à Angerville, ne connaissant personne le début a été compliqué mais je ne savais pas à ce moment-là que le retour le serait encore plus. Une fois qu'on y est-on as plus envie d'en repartir (enfin pour ma part). D'autant plus que je me suis mise en couple avec un certain Mathieu à cette époque qui m'avait fait passer une colonie d'enfer ! dans le bon sens du terme. Vous comprenez donc maintenant pourquoi les aurevoirs ont été plus compliquer puis il était originaire près de Bordeaux et moi du Pas-de-Calais. Aujourd'hui nous ne sommes plus en contact.

3.2 Le suivi

1 fois par an est organisé une journée d'hospitalisation de jour par groupe de 6 avec des jeunes plus ou moins du même âge ou l'ont fait des examens médicaux mais pas seulement, on mangeait aussi tous ensemble à la cantine de l'hôpital et faisait des activités assez sympas sur le diabète. Malheureusement, c'est passer à une demi-journée puis depuis ce n'est plus qu'un RDV individuel d'1h avec la crise sanitaire COVID19. Ce RDV est mis en place afin de faire le point est de régler si des doses sont à modifié, bolus et basal, insuline rapide et lente. Bien sûr tout cela peut être modifié entre-temps si besoin. Une prise de sang est à faire tous les 3 mois afin de calculer l'HB1C (Hémoglobine glyquée), c'est le taux des dextro moyen sur 3 mois, elle doit être idéalement situé aux environs de 6/ 6,5, la mienne est à 6.9 actuellement, ce qui est plutôt pas mal. À l'heure où je vous écris mon taux de glucose moyen (taux de sucre dans le sang) sur 14 jours est de 158 grammes par litre de sang, ce qui est correct. Les RDV avec le médecin et l'infirmière sont eux tous les 6 mois.

Il existe 2 types de diabète à ne pas confondre :
- Type 1 : Diabète insulino-dépendant, de naissance ou qui se déclare pendant la croissance ou durant un choc émotionnel.
- Type 2 : Diabète de vieillesse, diabète gras, la plupart du temps sous cachets, ou encore diabète de grossesse qui se déclare comme son nom le dit pendant la grossesse et disparaît la plupart du temps après l'accouchement.

3.3 Les chiffres

En France le taux de personnes diabétiques augmente de 4% par an, ce qui signifie 1 personne sur 11. Nous sommes actuellement 4.5 millions en France. 3% de la population Française sur 180 millions dans le monde.

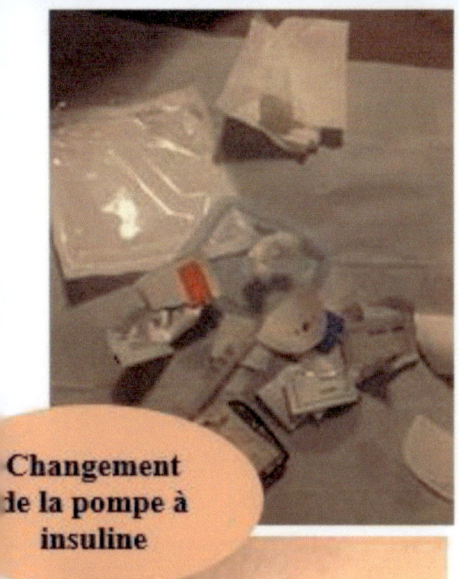

Changement de la pompe à insuline

Changement du capteur FreeStyleLibre

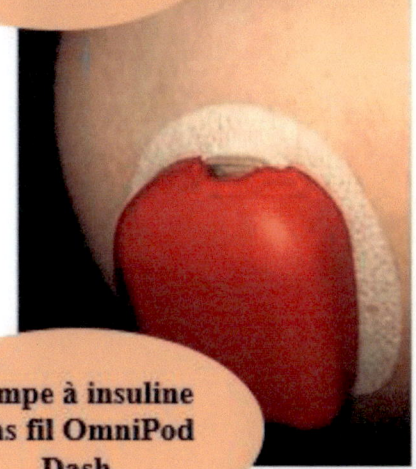

Pompe à insuline sans fil OmniPod Dash

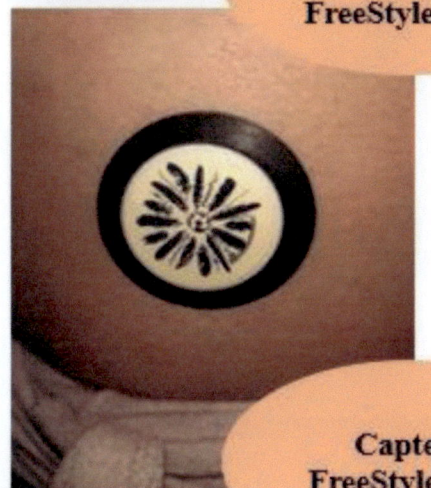

Capteur FreeStyleLibre

« Télécommande » OmniPod Dash

Boitier FreeStyleLibre

3.4 Les témoignages et sites utiles

GOSSELIN Pierrig

20 ans

Cherbourg, FRANCE

Objectivement le diabète m'a apporté beaucoup de bonnes choses, des amis, des rencontres, du recul. Cependant le diabète est un parasite qui vous rongent l'intérieur lentement.

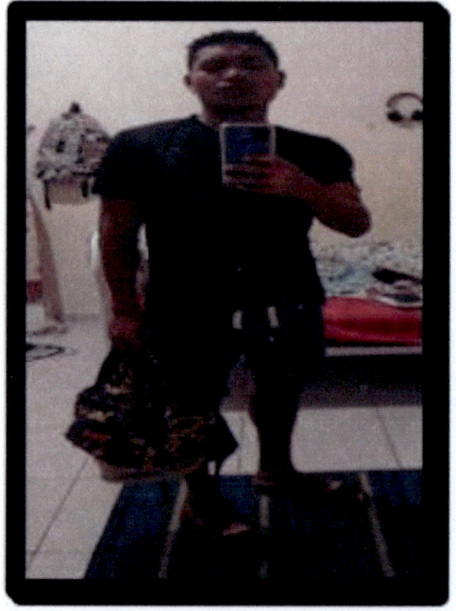

SELBONNE Thomas

20 ans

Goyave, GUADELOUPE

Cela fait 8 ans que je suis diabétique et je le vis très les débuts non pas était forcément facile notamment équilibrer le taux de sucre et cela peut-être parfois frus mais j'ai été très bien encadré. Aujourd'hui ce n'est pa tout un problème de vivre avec le diabète surtout ave nouvelles techniques dont nous disposons. Nous vi comme tout le monde heureusement.

SITES UTILES

https://www.freestylediabete.fr/

Pour toutes commandes d'accessoires, matériels, ... (Gratuit et limité)

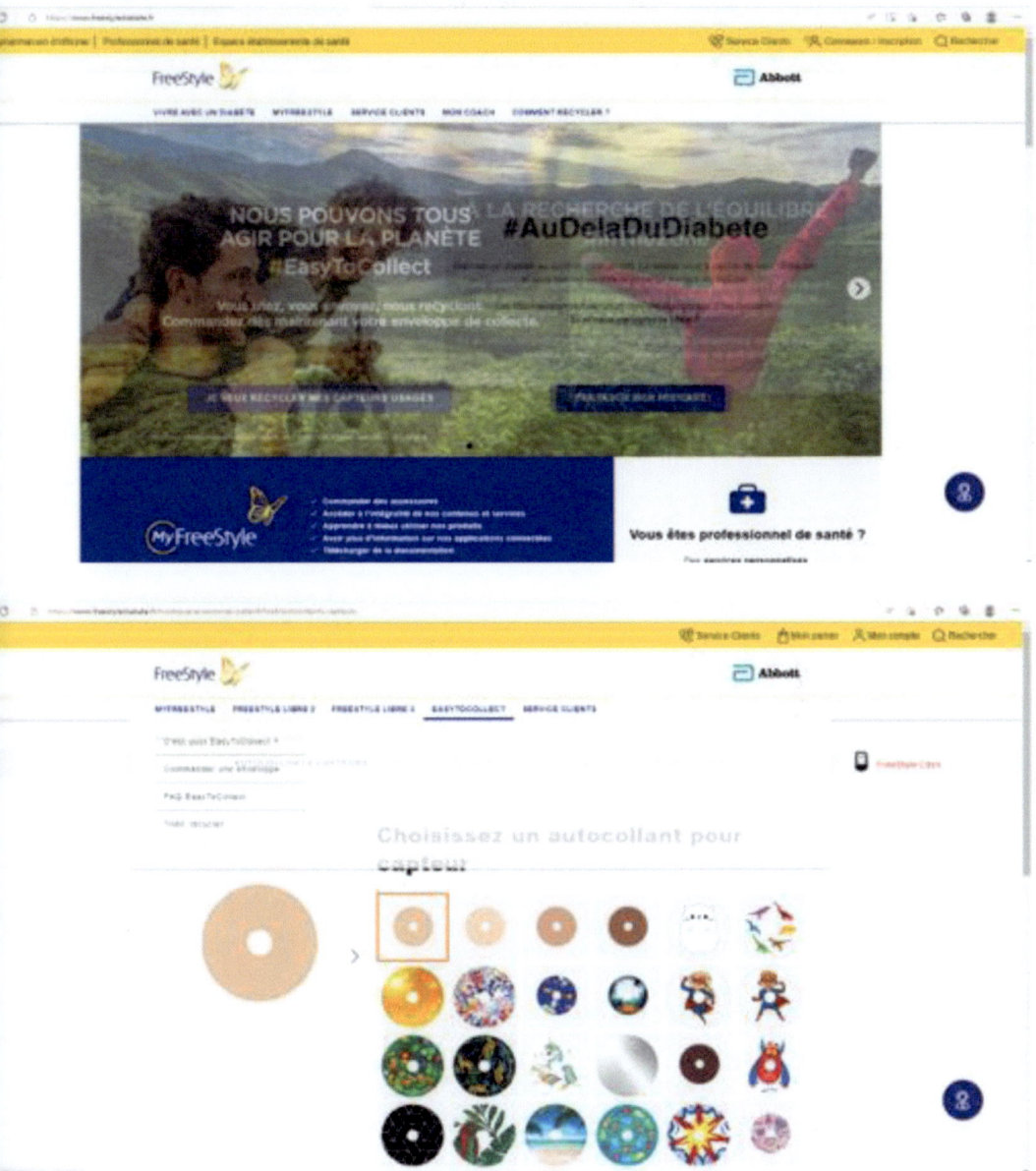

Site de l'Aide aux Jeunes Diabétiques AJD (Colonies, ...)

Lieux	Âge de l'enfant	Type de séjour	Dates
Gouville-sur-Mer	06-12 ans	Enfants seuls	du 30 juin au 13 juillet
Sainte-Bazeille	11-14 ans	Enfants seuls	du 30 juin au 15 juillet
Mimet	08-12 ans	Enfants seuls	du 30 juin au 15 juillet
Pujols	14-17 ans	Enfants seuls	du 30 juin au 15 juillet
Angerville-l'Orcher	10-13 ans	Enfants seuls	du 09 juillet au 29 juillet
Saint-Sorlin-d'Arves	10-14 ans	Enfants seuls	du 09 juillet au 29 juillet
Pralognan-la-Vanoise	14-17 ans	Enfants seuls	du 09 juillet au 29 juillet
Gouville-sur-Mer	06-12 ans	Enfants seuls	du 15 juillet au 28 juillet
Sainte-Bazeille	11-14 ans	Enfants seuls	du 16 juillet au 05 août
Mimet	10-14 ans	Enfants seuls	du 16 juillet au 05 août
Pujols	14-17 ans	Enfants seuls	du 16 juillet au 05 août
Gouville-sur-Mer	06-12 ans	Enfants seuls	du 29 juillet au 11 août
Pralognan-la-Vanoise	14-17 ans	Enfants seuls	du 30 juillet au 19 août
Crozon	13-17 ans	Enfants seuls	du 31 juillet au 14 août
Sainte-Bazeille	11-14 ans	Enfants seuls	du 06 août au 26 août
Mimet	10-14 ans	Enfants seuls	du 06 août au 26 août
Pujols	14-17 ans	Enfants seuls	du 06 août au 26 août
Gouville-sur-Mer	06-12 ans	Enfants seuls	du 13 août au 26 août
Crozon	13-17 ans	Enfants seuls	du 14 août au 28 août
Gouville-sur-Mer	03-12 ans	Parent et enfants	du 22 octobre au 30 octobre
Mimet	03-12 ans	Parent et enfants	du 22 octobre au 30 octobre

Chapitre 4 :
Ma vie personnelle

Depuis octobre 2021, mon conjoint Thomas est devenu diabétique un peu après ses 24 ans.

Son diabète c'est déclarer de la même façon que le mien, il avait soif et se levait la nuit pour aller aux toilettes.

Étant donné que je suis moi-même diabétique il a utilisé mon appareil de glycémie pour faire un contrôle et BAM… !!!

Son taux était au-dessus de la moyenne aux environs de 250 grammes il me semble.

Il a donc pris rendez-vous chez son médecin généraliste, a fait quelques prises de sang, c'est rendu à l'Hôpital et a tout obtenu afin de s'équiper et d'être suivie correctement (FreeStyleLibre et stylo à insuline, …).

Pour le moment il est toujours sous stylo à insuline mais au mois d'octobre il va passer à la pompe à insuline, beaucoup plus pratique !

Pour lui, la détection de la maladie et la mise en route ont été plus simples étant donné que son père (Diabétique du type 1 depuis plus de 20 ans) et moi-même somme tous les deux diabétiques de type 1 il connaissait plus ou moins la maladie et nous aussi.

Pour sa part il n'a pas pu faire de colonies AJD étant donné qu'il avait déjà 24 ans.

Concernant tout le reste tous se passe exactement pareil, les rendez-vous, le suivie, l'avancement, la prise en main, les périodes stables ou non, tout est fait au mieux.

Étant donné que je vous ai dit que le père de mon conjoint ainsi que mon conjoint sont maintenant tous les deux diabétique, le diabète est-il génétique ?
Bonne question ! Pour ma part, dans ma famille ce n'est pas génétique. Dans celle de mon conjoint ? On ne sait pas, chaque médecin à sa propre idée et ne sont pas tous d'accord sur le sujet. Certains vous diront que oui, d'autres vous diront que non. À vous de juger.

Je m'appelle Boyaval Amandine, et c'était mon histoire, l'histoire de mon diabète.

Remerciements

Docteur Ibouanga, Stéphanie, Justine, Bertille, Mathilde (Infirmières), mes parents (Elodie, Olivier), mes sœurs (Cassandra, Chloé, Oryane). Toutes les personnes dont j'ai pu croiser leur chemin en colonies AJD, toutes les personnes citées dans ce livre et pour finir mon conjoint Thomas.

MERCI A TOUS

Et surtout MERCI à mon pancréas de ne plus fonctionner de lui-même. Ce livre n'aurait pas été possible sans toi !

© 2022 Boyaval, Amandine

Édition : BoD – Books on Demand, info@bod.fr

Impression : BoD – Books on Demand,
In de Tarpen 42, Norderstedt (Allemagne)

Impression à la demande

ISBN : 978-2-3224-4132-7

Dépôt légal : Août 2022